AF312271

QUESTION

IMPORTANTE

ET

D'UN INTÉRÊT GÉNÉRAL,

Sur l'Anatocisme et le véritable Taux légal de l'argent en France.

QUESTION IMPORTANTE

ET

D'UN INTÉRÊT GÉNÉRAL,

Où l'on examine si une obligation qui contient l'intérêt des intérêts à un taux supérieur à celui de 5 pour 100, fixé par l'édit de 1770, est réellement aujourd'hui une obligation usuraire dont la nullité radicale entraîne celle des jugemens qui l'ont déclarée bonne et légitime ;

AVEC

La consultation des Avocats dont l'opinion paraît avoir été adoptée par le jugement définitif du Tribunal de cassation, rendu à la section civile le 8 frimaire de l'an XII.

Et, quum ille qui quæsierat, dixisset, quid fænerari ? tum Cato, quid hominem, inquit, occidere !

(CICERO *offic. lib.* 2.)

A PARIS,

De l'Imprimerie Expéditive, rue St.-Benoît, n°. 21.

AN XII.

ACQ. 42,644 HENNEQUIN

Et se trouve à **PARIS**,

A l'Imprimerie Expéditive, rue St-Benoît, n°. 21.

Au Palais de Justice, chez Madame DUFRESNE, et chez Mademoiselle GOURIER, libraires.

A **ROUEN**,

Chez PERIAUX, imprimeur-libraire, rue de la Vicomté, n°. 30.

~~~~~~~~~~~~~~~~~~~~~~~~~~~~~~~~~~

Le dépôt a été fait à la Bibliothèque nationale, conformément à la loi.
~~~~~~~~~~~~~~~~~~~~~~~~~~~~~~~~~~

AVIS DE L'ÉDITEUR.

Dans un moment où la cupidité des usuriers n'a plus de bornes en France, où elle dévore également et la fortune des grands et les dernières ressources du pauvre aux abois, il importe beaucoup, sans doute, de connaître les vrais principes à l'aide desquels on peut utilement combattre leurs odieuses et barbares prétentions.

Nous avons donc pensé que ce serait bien mériter de nos concitoyens que de recueillir et publier le plaidoyer et l'opinion des Avocats qui ont en quelque sorte préparé le jugement définitif et solemnel qui vient d'être prononcé à l'audience du Tribunal de cassation, le 8 frimaire an 12, en faveur des créanciers et héritiers le Métais.

Les maximes qui y sont si lumineusement développées, prouveront qu'au milieu de la corruption qui désole presque toute la République, la

morale et la religion, y ont encore des soutiens
et des vengeurs dont le courage et les talens ne
peuvent qu'honorer et servir la Patrie.

D'ODOUCET.

PLAIDOYER

Prononcé à l'audience du tribunal de cassation, le 7 frimaire an 12, par le défenseur des héritiers et créanciers LE MÉTAIS, demandeurs en Cassation.

MAGISTRATS,

Un cri général se fait entendre aujourd'hui de toutes les parties de la France alarmée.

Ce cri, j'oserai le dire, est celui d'une juste indignation contre ces *hommes pervers*, dont les spéculations immorales écrasent la médiocrité malheureuse sous l'énorme poids de l'usure ; *contre ces insensés* qui, desséchant ainsi tous les canaux de l'industrie sapent par sa base même l'édifice de la prospérité publique.

Je viens le répéter ce cri de l'indignation au milieu d'un sanctuaire auguste, où sans crainte on peut faire entendre la voix de la justice avec celle de l'humanité souffrante.

Je viens en frapper l'oreille attentive de Magistrats éclairés, qu'un grand amour de l'ordre et un profond respect pour la morale ont placés au rang des premiers soutiens de l'état et des vrais amis de la patrie.

Et, sans doute, ce ne sera pas vainement que j'aurai fixé vos regards consternés sur cette plaie honteuse de

A

l'usure ; que je vous aurai conjuré d'y apporter un prompt remède et de la cicatriser : car, si j'en crois le témoignage de l'histoire, le désordre qui naît de son dernier accroissement est toujours l'avant-coureur de la chute même des empires.

Cette cause, M., tient donc bien moins à l'intérêt privé des parties, qu'à celui de la société toute entière.

Mais plus elle offrira d'importance dans la discussion, plus il est intéressant de chercher la véritable solution des deux questions qu'elle présente à juger.

QUESTIONS.

Y a-t-il eu réellement violation de la loi dans le jugement rendu par le tribunal d'appel du département de la Seine inférieure le 18 nivôse an x, au chef qui permet de cumuler l'intérêt de l'intérêt de l'argent prêté ?

Y a-t-il eu également contravention à l'autorité légale dans ce même jugement au second chef qui autorise la stipulation de ce même intérêt à un taux supérieur à celui fixé par l'édit de 1770, qui n'admet comme licite dans les obligations que le *denier* 20 du capital, ou *cinq pour cent ?*

Appuyé sur l'autorité de toutes les loix rendues sur la matière comme sur l'opinion des meilleurs jurisconsultes du Barreau français, il me sera facile de donner une réponse affirmative, en établissant la nécessité de casser un jugement qui blesse tous les principes reçus.

Ici l'ordre naturel de la discussion devrait, M., amener le développement des faits et de la procédure.

Mais comme ils sont encore présens à vos esprits, il serait superflu de vous les rapeler.

Ne pouvant rien ajouter d'intéressant à ce que l'éloquent magistrat que vous avez chargé du rapport vous en a dit, (1) je me bornerai donc à vous en retracer ce qui me paraît strictement nécessaire pour bien fixer les points de difficulté.

Analyse des faits.

En fait, comme vous le savez, une obligation du 18 messidor an 7 a été contractée par défunt le Métais, au profit de l'adversaire, pour raison d'une somme originairement prêtée en assignats et depuis réduite en numéraire.

Convaincus par les notes mêmes du défunt, et depuis par l'aveu du créancier interrogé sur faits et articles, convaincus que cette obligation était doublement *usuraire*, en ce qu'elle était composée de *l'intérêt des intérêts* de la somme prêtée, et que *le taux* de ce même intérêt y avait été porté *jusqu'à douze pour cent*, les héritiers et créanciers le Métais se sont réunis pour en demander la réduction au taux légal.

Deux jugemens, l'un rendu par défaut, l'autre contradictoire sur l'opposition, en ont ordonné le paiement intégral, au mépris de l'édit de 1770 et de l'ordonnance de 1673.

Un dernier jugement, rendu sur l'appel, le 18 nivôse an x, les a pleinement confirmés.

Justement étonnés d'un semblable triomphe, les hé-

---

(1) Le C. Vas, membre de la légion d'honneur.

ritiers et créanciers le Métais se sont pourvus devant vous contre cette décision étrange, et votre section des requêtes adoptant à l'unanimité les moyens des demandeurs s'est empressée d'admettre leur réclamation.

Aujourd'hui, par mon organe, ils viennent présenter leurs moyens au choc de la contradiction et vous demander enfin une décision équitable autant que solemnelle, un jugement définitif qui puisse arrêter ce débordement qui menace l'état d'un déluge de maux, si vous n'opposez promptement une digue salutaire à ses affreux ravages.

Mais le succès des demandeurs tient à la solution des deux questions que je me suis proposé de résoudre. Hâtons-nous de les examiner.

PREMIÈRE QUESTION.

Y a-t-il eu réellement violation de la loi dans le jugement du 18 nivôse an X, au chef qui permet de cumuler l'intérêt des intérêts de la somme prêtée pour en faire une obligation exigible en entier?

Oui, elle existe cette violation manifeste.

Pour le démontrer, fixons rapidement quelques principes.

C'est une maxime incontestable en droit que l'intérêt de l'argent ne peut produire d'intérêt par lui-même.

Nullo modo usuræ usurarum aliarum à debitoribus exigantur. L. 28. C. de usu.

Mais si dans Rome on tenait rigoureusement à ce

principe, en France il n'a pas été accueilli moins favo-
rablement. L'ordonnance de 1673 en fait foi dans son
article 2 du titre 6 où nous lisons:

» Les négocians marchands et aucuns autres ne
« pourront prendre l'intérêt de l'intérêt, sous quel-
« que prétexte que ce soit ». (même fût - il légitime)
ajoute le commentateur.

Cette loi est souverainement équitable et doit rece-
voir sa pleine exécution.

En effet elle a son fondement dans la sage prévoyan-
ce du législateur qui n'a pas voulu mettre les débiteurs
à la merci des créanciers , qui trop souvent injustes
autant qu'inhumains , laisseraient méchamment accu-
muler intérêt sur intérêt pour rendre le rembourse-
ment des capitaux impossible et s'assurer ainsi toute
la fortune de ces débiteurs malheureux.

- Porter atteinte à ce principe fondamental , c'est
donc nuire à l'intérêt commun.

La raison et la loi s'accordent donc sur ce point
important , qu'on ne peut faire produire d'intérêt à
l'intérêt de l'argent, pour en faire avec la somme principale une créance exigible en entier.

Ces principes reconnus, examinons si dans l'espèce ils ont été violés.

C'est un point de fait non contesté et non
contestable au procès , que l'obligation du 18 messidor an 7 , est composée d'une somme principale en
numéraire représentant des assignats originairement
prêtés , et de l'intérêt des intérêts à douze pour cent,
ainsi accumulés , même depuis le retour du numéraire

Ainsi point de doute sur la violation formelle de la

loi de la part du prêteur, car depuis sa réponse consignée dans ses propres interrogatoires, on peut dire :

Habemus confitentem reum.

Il n'y a parconséquent pas moins de certitude sur la justice des prétentions des héritiers du débiteur originaire qui ne voulaient acquitter l'obligation qu'après distraction des *intérêts usuraires.*

Comment se fait-il donc que trois jugemens consécutifs aient déclaré bonne et valable cette même obligation et forcé les héritiers le Métais à l'acquitter sans réduction.

N'est-ce pas là une violation manifeste des dispositions les plus formelles de la loi ?

Désespérant de pouvoir jamais concilier ces trois jugemens inconciliables avec les principes reçus, l'adversaire se retranche dans un moyen de forme pour établir qu'indépendamment de la violation des lois, il faudrait toujours maintenir cette obligation pour la faire payer en entier, puisqu'*en aucun tems et sous aucun prétexte on n'en a demandé la rescision.*

Pour sentir toute la frivolité d'un pareil argument, il ne faut que considérer les lettres *de rescision* dans leur objet naturel.

Pourquoi sous l'ancienne législation recourait-on au bénéfice de ces lettres ?

C'est parce que les *voies de nullité n'avaient point lieu en France*, et que, pour faire annuller un acte, il fallait s'adresser au souverain qui permettait aux impétrans de se faire restituer.

Mais dans quel cas ces lettres de rescision étaient-elles nécessaires ?

C'était quand *la nullité* n'était pas prononcée par la loi.

Jamais on n'y avait recours , lorsque l'acte attaqué était fait au mépris d'une disposition formelle , soit des édits , soit des ordonnances.

La raison en est facile à sentir. L'usage des lettres de rescision , ainsi que nous l'apprennent les auteurs , n'était qu'une *imitation des rescrits des Empereurs romains* , par lesquels ces princes consultés dans des cas particuliers , non prévus par les lois ; jugeaient ces cas par une loi spéciale.

Ainsi, pourquoi dans l'espèce eût-il fallu recourir au bénéfice des lettres de rescision ?

L'obligation dont il s'agit n'était-elle pas *nulle de plein droit* , puisqu'elle était faite au mépris de l'ordonnance de 1673 , et même l'édit de 1770 , comme on le verra bientôt.

Si elle était nulle *pleno jure* par une disposition textuelle de la loi même de l'état ; la *formalité des lettres* de rescision était donc absolument inutile.

Mais eût-elle été nécessaire , à l'époque où l'action était introduite , en l'an x , elle était impossible à remplir , puisque le décret du 11 septembre 1790, avait par son article 20 *qui supprimait les chancelleries , aboli l'usage même des lettres royaux* , et par son article 21 déclaré que dans le cas où lesdites lettres étaient nécessaires , *il suffirait de se pourvoir par devant les juges compétens pour la connaissance immédiate du fond.*

En plaçant les demandeurs sous l'empire même de cette loi , qu'avaient-ils à faire au terme précis de la nouvelle législation ?

Ils devaient se présenter au juge de première instance de l'arrondissement de Rouen, et lui demander la réduction de l'obligation consentie par le défunt ; ou si l'on aime mieux demander à jouir du bénéfice de la restitution contre l'obligation en tant qu'elle était usuraire et offrir de payer ce qu'elle avait de légal, puisqu'il est de principe en France *que la plus pétition n'annulle point la demande.*

Or en quoi se sont-ils écartés des formalités prescrites par le nouveau législateur ? En rien, Magistrats.

Convaincus de la *nullité* de cette obligation, dans la portion qui blessait l'autorité légale, ils ont offert d'acquitter le surplus.

Sur le refus de leurs offres, l'action a été portée en jugement pour en faire prononcer la validité, et pour faire statuer en même tems sur la demande en réduction.

On s'est donc adressé au juge compétent *pour la connaissance immédiate du fond*, comme le voulait la loi nouvelle.

Il n'est donc pas vrai de dire qu'en *aucun* tems, et que *sous aucun prétexte* on ne se soit pas pourvu contre l'obligation du défunt pour la faire anéantir par l'effet du bénéfice de restitution, ou au moins réduire conformément au vœu des ordonnances, et suivant le nouveau mode prescrit par le décret portant abolition de l'usage des lettres de rescision.

Mais au reste, comme nous l'avons démontré, ces lettres, dans l'espèce, n'étaient nullement nécessaires.

L'acte en soi était *nul* ; il était fait au mépris de toutes les loix. Les juges qui se sont efforcés de lui donner un caractère légal en ordonnant son exécution,

ont donc violé les principes et l'autorité même de l'ordonnance en vigueur. C'est donc de leur part un premier abus de pouvoir que le tribunal souverain ne
peut laisser subsister.

Le premier moyen d'ouverture en cassation est donc
invincible.

Reste maintenant la seconde question à examiner,
et c'est celle qui présente le plus d'intérêt réel.

SECONDE QUESTION.

*Y a-t-il eu contravention à l'autorité légale dans le
jugement du 18 nivose an X, au chef qui autorise la
stipulation de l'intérêt à un taux supérieur à celui fixé
par l'édit de 1770, qui n'admet comme licite dans les
obligations que le denier 20 du capital, ou cinq pour
cent?*

En considérant avec quelque attention la série des lois
rendues sur la matière, il est encore aisé de trouver
la solution affirmative de cette question vraiment importante.

Pour bien connaître le véritable taux de l'intérêt de
l'argent en France, il faut nécessairement remonter à
l'édit de 1770.

L'article premier de cet édit le fixe irrévocablement
au denier 20 du capital, c'est-à-dire à 5 pour cent.

L'article 2ᵉ déclare usuraires les contrats faits à un
taux supérieur et autorise même les poursuites *à l'extraordinaire* contre les prêteurs qui violeraient l'article
premier.

Enfin l'article 3ᵉ ordonne aux juges de ne prononcer

la condamnation des intérêts exigibles qu'au même taux de 5 pour cent.

Telles sont les dispositions textuelles et impératives de ce fameux édit de 1770.

Mais est-il encore en pleine vigueur ? Et n'aurait-il point reçu quelque modification par une loi postérieure?

C'est ce qu'il faut examiner scrupuleusement.

1°. Pour établir qu'il y avait eu dérogation à l'édit de 1770, on avait invoqué la loi du 6 floréal an 3 *qui déclarait l'argent marchandise.*

Mais c'était vainement. En effet, bientôt convaincu que ce qui n'était que le signe de la chose ne pouvait être la chose elle-même, et que cette loi dans ses effets désastreux allait tout paralyser en France, le législateur effrayé lui-même de ses propres dispositions, s'est hâté de la rapporter le 2 prairial suivant. Elle n'a donc eu qu'une existence éphémère de 26 jours.

Ainsi comme, à peine sortie du néant, elle y est aussitôt rentrée, elle ne peut être d'aucune influence dans la cause.

2°. Mais toujours fécond en moyens pour couvrir son usure d'un manteau spécieux, l'adversaire obligé de renoncer au bénéfice de la loi du 6 floréal an 3, a appelé à son secours celle du 5 thermidor an 4, qui permettait à chaque citoyen *de contracter comme bon lui semblerait.*

Cette dernière loi n'ayant eu d'autre objet que de rétablir *la liberté des transactions commerciales* dans lesquelles on ne pouvait plus se permettre *de stipulations en numéraire* depuis le décret du 11 avril 1793, qui forçait de les faire en *assignats* à peine de 6 années de fers, il est évident que cette loi du 5 thermidor an 4,

n'avait

(19)

n'avait aucun rapport avec *le taux de l'intérêt* de l'argent ; que conséquemment elle n'avait aucune sorte d'application à l'espèce de la cause.

Ainsi ce n'a donc été qu'*abusivement* qu'on y avait
invoqué son autorité.

3°. Ce n'a pas été de meilleure foi que l'adversaire s'est prévalu de cette loi du 15 thermidor an
V, puisque celle-ci ne s'occupant que *de la réduction des obligations contractées* sous l'empire du papier monnaie et antérieurement à sa promulgation,
n'avait aucun *trait au taux de l'intérêt de l'argent*
et ne pouvait servir à régler un acte postérieur de
deux ans à la loi même.

On ne peut donc citer aucune loi portant dérogation à l'édit de 1770.

Il y a plus : c'est que dans la législation nouvelle, il n'y a pas une disposition qui ne soit con-
firmative de celle de cet édit de 1770.

En effet, si nous considérons la loi du 3 octobre
1789 qui est la seule qui ait apporté quelque modification sur la légitimité de l'intérêt de l'argent
anciennement prohibé, par *le droit civil et canon*,
dans les transactions qui ne portaient point aliénation du capital, nous verrons qu'elle veut que cet
intérêt même ne puisse s'élever au-dessus du taux
déterminé par la loi.

Or quel était le taux légal en 1789 ? il n'y en
avait pas d'autre que celui fixé par l'édit de 1770.

Cet édit se trouve donc pleinement confirmé par
la nouvelle loi de 1789.

Mais elle n'est pas la seule qui détruise tout le
système de l'adversaire.

On peut voir les lois du 11 frimaire, 16 nivôse

17 floréal et 29 thermidor an 6 ; toutes, elles se prêtent un mutuel appui pour établir cette vérité, que la législation nouvelle non seulement n'a point modifié l'édit de 1770 ; qu'au contraire elle l'a *maintenu* dans toute sa vigueur.

Forcé de convenir de l'insuffisance de sa défense sur ce point important de la cause, l'adversaire se retranche dans un nouveau moyen.

« Les lois précitées, dit-il, ont bien déterminé « le taux légal ; mais elles ne *touchent point au cas* « *conventionnel.* »

Toute la question ici se réduit donc à savoir si par une convention spéciale on a pu déroger à l'édit de 1770.

Or la négative est facile à établir.

Qu'est-ce que l'édit de 1770 ? C'est évidemment une loi de police générale qui est du ressort de ceux qui ont en main les rênes du gouvernement ? c'est une loi d'ordre public qui conséquemment intéresse tout le corps de l'état par l'influence qu'elle a nécessairement sur la morale.

Que seront les conventions des particuliers, si elles sont en opposition avec cette même loi ? rien qu'un mépris formel de la puissance légale, qu'une offense directe à l'autorité suprême.

Ainsi leur effet naturel sera d'isoler chaque citoyen de la grande famille, et de troubler ainsi toute l'harmonie sociale.

Ces grands inconvéniens ont été sentis par tous les gouvernemens anciens et modernes.

De là cette maxime fondamentale du droit romain, adoptée par notre nouveau code civil à l'art. 6.

Juri publico privatorum pactis derogari non potest.

Ce serait sans doute une doctrine bien dangereuse que celle qui tendrait à établir que par des conventions particulières, on peut déroger aux lois de l'état.

Mais dans les espèces de la nature de celle qui se présente aujourd'hui, quel inconvénient terrible n'aurait-elle pas ?

En effet, M., si l'autorité même d'une loi d'ordre public et qui tient aux bonnes mœurs, ne présentait point un frein assez puissant pour enchaîner la volonté des particuliers, où s'arrêteraient jamais les débordemens de la cupidité ?

Retenu par une sorte de pudeur qu'entretient encore le souvenir des anciens principes, le capitaliste, qui aujourd'hui veut bien prêter au denier 10 et 12 du capital, demain ne voudra plus traiter qu'à raison de 30, 40 et 80 pour cent.

Plus il y aura de détresse et de mal aise chez le débiteur, plus il y aura d'exagération et de dureté dans le créancier.

Et qu'on ne dise pas que je ne m'étaye ici que sur des suppositions gratuites et chimériques. Il y a trop long-tems qu'une fatale expérience a prouvé que pour argumenter avec succès dans une pareille matière, il n'était plus besoin de recourir au système des hypothèses

Oui, Magistrats, et vous en serez vous-mêmes effrayés; oui vous verrez bientôt discuter devant vous ces étranges prétentions de l'avarice qui ne spécule plus que sur la misère publique.

Déjà même on vient de présenter devant vous une espèce où le créancier sans pudeur avait porté l'intérêt à 75 pour cent. Je parle de la cause du tribunal de Besançon , jugée à votre audience du mercredi 24 brumaire dernier (an XII.)

Follement entêtée de son système extravagant, l'usure cache encore dans l'ombre et le silence le scandale de sa cupidité. Mais si , par impossible, vous pouviez aujourd'hui vous relâcher de la sévérité des principes , demain vous la verriez lever sa tête altière et vous demander audacieusement jusqu'au sang de ses débiteurs.

C'est ainsi que par une dangereuse innovation, on préparerait la ruine d'une foule de citoyens.

Et que deviendrait aussi cette unité dans l'application des règles judiciaires, cette unité si nécessaire et à laquelle la législation nouvelle tend sans cesse à nous ramener en France ; que deviendra-t-elle cette unité , si comme les particuliers , les tribunaux eux-mêmes s'écartaient à volonté des dispositions de la loi pour servir les passions des hommes et en cacher le désordre sous l'honorable manteau d'une convention légale ?

Enfin où jamais a-t-on vu qu'il fût permis de s'élever par un traité particulier contre une disposition de loi générale.

La jurisprudence de tous les tems n'a-t-elle pas proscrit ce dangereux système , comme subversif de tous les principes.

L'arrêt du 29 décembre 1486 que nous avons rapporté dans notre requête imprimée , n'en fait - il pas foi ? Il a jugé qu'en matière d'aliénation d'un immeuble dont la totalité du prix n'avait pas été payée, l'acquéreur n'était pas tenu de l'intérêt porté au-delà du taux fixé par la loi alors existante, quoique cependant cet intérêt ainsi stipulé parut entrer dans le prix du contrat, et faire l'objet direct de la convention même des parties intéressées.

N'en voyons-nous pas une nouvelle preuve dans un autre arrêt beaucoup plus récent, qu'on trouve au sixième tome du Journal des audiences, et qui a jugé le 22 juillet 1713 que des *intérêts usuraires payés volontairement pendant 40 années*, *devaient être restitués et imputés sur le principal*, parce que l'usure ne se prescrit jamais, suivant la maxime *abusus perpetuo clamat*.

Ici, comme on le voit, non-seulement il y avait eu une convention agréée par les parties; mais suivie d'une exécution constante, durant un laps de tems considérable, puisqu'il suffisait pour opérer la plus longue prescription, celle de 40 années.

Mais comme elle renfermait en elle - même le vice radical de sa nullité; par cela seul qu'elle était contraire aux dispositions de la loi qui fixait alors le taux de l'intérêt de l'argent; ni *la volonté* des intéressés, bien manifestée par la convention, ni son exécution littérale et précise de la part du débiteur même, pendant 40 ans; rien n'a pu donner au créancier un titre assez puissant pour se soustraire à la rigueur des principes qu'il avait violés.

Qu'en faut-il conclure; c'est que la raison, la loi, la jurisprudence, la politique et l'humanité sont d'accord sur ce point essentiel, qu'il n'a jamais été et ne sera jamais permis de déroger par des conventions particulières aux lois établies par le gouvernement.

En vain pour légitimer, s'il était possible, ces sor-

tes de conventions et notamment celle qui fait la matière du procès , on a allégué un prétendu usage de
la place de commerce de Rouen.

Mais en supposant l'existence réelle de cet usage ,
de quel poids peut-il être dans la cause ?

Prenant nouvellement sa source dans l'émission
d'un papier monnaie , que l'empire des circonstances
avait discrédité , pouvait - il donc servir de prétexte
ou d'excuse dans un tems où le numéraire était
en pleine circulation , puisque l'obligation attaquée
ne remonte qu'à l'époque du 18 messidor an VII.

Comment a-t-on osé s'en faire un moyen contre
un particulier étranger à toutes les opérations de
commerce , contre lequel il n'y avait aucun genre de
risque à courir , puisque la reconnaissance notariée
n'avait d'autre objet qu'une inscription pour obtenir une hypothèque sur des immeubles réels ?

Comment enfin a-t-on pu s'en prévaloir , s'il est
en opposition directe avec l'autorité d'une loi toujours
existante , toujours confirmée , toujours strictement
suivie dans tous les tribunaux qui restaient attachés
aux vrais principes sur la matière ?

Cet usage prétendu , cet usage d'un jour ne serait
donc réellement qu'une violation manifeste de la loi
même , qu'une infraction coupable qui constituerait
ceux qui le suivraient en révolte ouverte contre la
puissance légitime.

Mais fût-il en quelque sorte accrédité par une longue
habitude du mépris de la loi , il n'en serait pas moins
condamnable. Ce serait le cas de dire avec un poëte
moderne :

Plus l'abus est ancien, plus il est tems qu'il cesse!

Ce serait aussi le cas d'appliquer la maxime du droit.

Quod more introductum est, licet longuo usu corro-
boratum, non debet trahi ad consequentias. ... Non
est usus sed abusus et ipsius met regulæ infractio. L.
29, ff de legibus. (1)

Et comment s'en laisser imposer par une autorité aussi fragile que celle prise dans un usage si pernicieux ?

Les premiers juges qui en ont fait une des bases de
leur jugement, avaient-ils donc oublié ces principes
fondamentaux, si souvent rappelés par l'illustre Da-
guesseau.

« Il n'y a point, disait ce grand magistrat, il n'y a
« point de cas auxquels on ne puisse appliquer le prin-
« cipe du droit romain, que c'est sur les lois et non sur
« les exemples que les juges doivent fonder leurs déci-
« sions ».

L'exemple dangereux d'une infraction habituelle au
vœu de la loi ne devait donc naturellement qu'éveiller
la sollicitude des tribunaux auxquels on la dénonçait.

Mais dupes des sophismes d'une adroite cupidité, et
n'écoutant qu'un faux amour du bien public, ils se sont
laissés entraîner au torrent et se sont en quelque sorte
rendus complices du délit même qu'ils devaient punir.

Je ne dissimulerai pas que, pour légitimer cet usage
prétendu, ils se sont prévalus des circonstances du
tems, qui, dit l'adversaire, ont rompu toutes les proportions qui avaient originairement servi de base au
taux de l'intérêt de l'argent, lors de l'édit de 1770.

Mais ici trois réponses également victorieuses se

---

(1) Pour combattre cette objection tirée de l'usage, on
peut consulter les notes de Ferriere sous le §. 9 du titre
2 du l. 1er. des Instituts de Justinien. Dans notre requête imprimée, nous avons développé ses principes.
Nous sommes donc dispensés d'y revenir.

présentent naturellement pour démontrer la frivolité d'une pareille considération.

1°. Est-il bien vrai que l'intérêt de l'argent fixé au denier 20 du capital ne soit plus dans une proportion raisonnable avec le prix des choses, et que sous ce rapport, il soit de toute justice d'apporter une modification à l'édit de 1770, pour augmenter le taux de ce même intérêt?

Voilà, M., une question secondaire bien majeure en elle-même, et dont la solution importe au succès de ma demande.

Daignez donc m'honorer ici de toute votre attention. Cette partie de ma discussion est d'autant plus intéressante, que tous les efforts de mon adversaire doivent naturellement tendre à prouver qu'il y a une sorte d'équité naturelle à élever le prix de l'argent dans les circonstances critiques où nous nous trouvons, afin de rétablir l'équilibre entre le numéraire et les choses nécessaires à la vie.

Bientôt je démontrerai que ce n'est là que le langage astucieux de la cupidité qui ne manque jamais de prétexte pour colorer ses injustices.

Mais développons l'objection dans toute son étendue. Elle n'est d'aucun danger pour nous.

Les marchandises et les denrées sont à un prix excessif, dit le capitaliste, pour demander le rapport de l'édit de 1770, qui met un frein à son insatiable avidité. Si le taux de l'argent ne peut atteindre ce prix, le produit de mes fonds mis en circulation diminuera, et ma fortune ne sera bientôt plus qu'idéale.

Ne nous en laissons point imposer par ces vaines réclamations : car ce n'est évidemment là qu'un sophisme adroit, qu'un raisonnement captieux où l'on prend l'effet pour la cause.

Remontons au vrai principe des choses : allons jusqu'à la source du mal et bientôt nous trouverons et le remède efficace et le moyen de concilier réellement tous les intérêts, excepté ceux, peut-être, d'une cupidité sans bornes qui voudrait tout envahir, tout s'approprier.

Oui, sans doute, les choses les plus nécessaires à la vie sont aujourd'hui montées à un prix si excessif que la plupart d'entre nous ne sauraient envisager le lendemain sans une sorte d'effroi. Non, il n'y a point aujourd'hui, je l'avouerai sans feinte, il n'y a point de père de famille qui n'ait à trembler sur le sort des siens et qui puisse assez compter sur les produits de son industrie pour se tranquilliser sur les moyens d'assurer leur propre existence.

Mais est-ce à l'homme opulent, à celui dont l'immense fortune s'accroît chaque jour par le produit rapide de ses capitaux; est-ce à lui à murmurer et à se plaindre?

Qu'il laisse le pauvre, le rentier, l'artisan, le colon, le petit propriétaire élever une voix faible et mourante pour appeler à son secours l'autorité du législateur.

Voilà dans l'état les êtres vraiment intéressans, vraiment malheureux, voilà ceux qui ont un droit acquis à sa sollicitude paternelle.

Mais j'ose vous le demander à vous, Magistrats honnêtes et sensibles, à vous dont l'ame tendre et compatissante ressent tous les maux qui désolent aujourd'hui vos concitoyens ; quel bien pourra jamais résulter pour eux d'une modification dans la loi, si elle ne fait que favoriser les spéculations des prêteurs?

La solliciter n'est-ce pas réellement vouloir augmenter nos souffrances, en perpétuer à jamais la durée?

Pour s'en convaincre et trouver le vice du faux raisonnement qu'ont adopté les premiers juges, il ne faut faire attention qu'à une seule chose, c'est que le prix de l'argent sert de base à toutes les négociations. Il est le pivot sur lequel roulent tous les genres de spéculations dans la société.

Si le capitaliste veut tirer de ses fonds un produit exorbitant, les marchandises et les denrées seront nécessairement très-chères, par la grande raison qu'avant de vendre, il faut acheter; qu'il faut se procurer les matières premières, supporter les frais ou de la culture, ou de la main d'œuvre et qu'on ne saurait y réussir sans argent.

Baissez le taux des fonds mis en circulation, vous faciliterez les opérations commerciales, et vous obtiendrez sur-le-champ une modération proportionnée dans le prix des marchandises, comme dans celui des comestibles.

Si au contraire, vous laissez aux capitalistes la faculté dangereuse de mettre à l'intérêt de l'argent, le taux qui pourra convenir à leur cupidité, les choses les plus nécessaires à l'existence même, suivront toujours ce même taux, quelle qu'en soit l'élévation ou l'iniquité.

Ce n'est donc point au taux ancien de l'argent qu'il faut toucher pour rétablir la balance entre le prix des marchandises et celui de l'argent lui-même.

Cette opération n'atteindrait point le but proposé,

il ne ferait que donner encore au mal un peu plus d'intensité.

Car il faut bien se pénétrer de cette vérité si essentielle à saisir : que l'argent n'est pas cher, parce que les marchandises ou les denrées sont à un si haut prix; mais que les marchandises et les denrées ne sont à un si haut prix, que par la seule et unique raison que l'argent est beaucoup trop cher.

Et quel est l'effet naturel de cet état de choses? c'est de ruiner de fond en comble les maisons les mieux accréditées, c'est de multiplier les faillites les plus scandaleuses, c'est d'altérer le crédit public, c'est enfin de paralyser toute l'industrie nationale, et de mettre le peuple sans ressource et sans pain.

Montesquieu dans son esprit des lois, avait donc bien raison de dire « que *pour faire fleurir le com-* « *merce, il faut que le prix de l'argent soit peu* « *considérable.* »

Si ce grand publiciste embrassant d'un seul coup-d'œil la théorie générale des lois qui régissent l'univers civilisé, si ce politique illustre et profond en a ainsi pensé, qui jamais osera soutenir avec quelque pudeur qu'il importe au bien public d'augmenter l'intérêt de l'argent en France, et de s'écarter des sages dispositions de l'édit de 1770.

Il ne faut au contraire qu'en rappeler et en maintenir l'exécution précise et littérale, pour obtenir cet équilibre dont les capitalistes cherchent à se prévaloir avec tant d'affectation. Leur raisonnement n'aura jamais de poids qu'aux yeux de ceux qui ne verront pas qu'on prend ici, comme nous l'avons déjà dit, qu'on prend astucieusement l'effet pour la cause elle-même

Cette logique est sans doute excellente pour accréditer des paradoxes ; elle ne saurait être la nôtre ;
puisque nous ne cherchons et ne voulons que le triomphe de la justice et celui de la vérité.

Mais pour démontrer avec plus de précision encore , que les circonstances mêmes du tems n'ont point
rompu les proportions qui ont servi de base à l'édit
de 1770, dans la fixation du taux de l'intérêt de l'argent , nous allons considérer la valeur réelle des choses , dans les objets qui présentent quelque stabilité.

Ici changeant un moment de système, pour com-
plaire à notre adversaire , nous allons assigner au prix
des marchandises ou des denrées , une toute autre
cause que celle de l'élévation du taux de l'intérêt de
l'argent.

Nous supposerons même , s'il le veut , qu'il prend
sa source ou dans la marche rétrograde des saisons ;
ou dans la tourmente de la révolution qui a tout
boulversé, ou enfin , dans la démoralisation presque
générale qui a porté le coup le plus funeste au crédit
public.

Dans cette hypothèse , faudrait - il encore , pour
être juste , augmenter l'intérêt de l'argent, et modifier
ainsi l'édit de 1770 ?

Non , M. , si l'on pouvait s'y prêter un moment,
ce serait évidemment sacrifier à l'intérêt privé d'un
petit nombre de capitalistes , l'intérêt général de la
classe immense de tous les autres citoyens.

Peu d'hommes en France sont assez heureux pour pouvoir exister seulement avec leurs capitaux mis en circulation ; mais beaucoup ne vivent que du produit de leurs
propriétés *urbaines* ou *rurales* ; beaucoup encore ,

n'ont de ressource que dans le faible revenu de quelques rentes assises ou sur l'état ou sur les particuliers ; beaucoup enfin, ne peuvent compter que sur un travail ingrat et stérile en lui-même, comme les femmes par exemple, qui pour n'obtenir qu'un pain souvent trempé de larmes, sont obligées de se consumer de pénibles veilles et de prévenir journellement jusqu'au lever de l'aurore.

Tant de patience et d'application souvent jointes à tant d'autres vertus domestiques, n'auront-elles donc pas droit à leur tour d'intéresser le législateur, et faudra-t-il que dans ses plus pressans besoins, la portion la plus faible, mais la plus aimable et la plus digne de nos hommages dans la société, soit tristement abandonnée à l'oppression comme à la tyrannie des usuriers ? Faudra-t-il qu'en proie à la misère la plus affreuse, elle ait sans cesse à lutter contre l'ascendant de ses propres charmes, et à vaincre jusqu'aux tentations les plus délicates.

Cependant, telle doit être évidemment sa destinée, si par la modification de l'édit de 1770, le taux de l'intérêt de l'argent, ne se trouve plus en rapport avec le produit de son industrie.

Telle doit être encore celle et du rentier et du propriétaire, puisqu'il est incontestable que les contrats et les immeubles ne donnent pas plus en produit net aujourd'hui, qu'au tems où l'édit de 1770, a paru. Ce qui prouve bien que les proportions qui existaient alors, ne sont pas rompues.

Et qui pourrait élever à cet égard, un doute raisonnable, lorsqu'une expérience journalière démontre que dans toutes les mutations soit par décès, soit par aliénation, l'estimation *des biens fonds*, se fait encore comme à l'époque de 1789, c'est-à-dire, comme au tems où le numéraire était en circulation, où le taux légal de son intérêt était admis, sans aucun genre de réclamation contre l'édit de 1770, parce qu'il établissait vraiment l'équilibre entre la valeur réelle des choses et celle de l'argent.

Si ce qui présente quelque stabilité comme les contrats de rente, comme les baux des immeubles, comme les actes d'aliénation, enfin, comme le produit habituel dans certaines branches de l'industrie, si tout cela concorde avec les dispositions de l'édit de 1770, son exécution ne blesse donc pas la justice.

Si au contraire, on en méprise l'autorité pour se livrer à des stipulations arbitraires, les contrats, les baux qui ne peuvent avoir la mobilité des effets de commerce qu'on renouvelle et qu'on peut renouveler à chaque instant, feront donc le désespoir et du propriétaire et du rentier qui ne pouvant, eux, rien changer à la nature des conventions faites avec leurs propres débiteurs, seront contraints dans leur détresse de subir le joug de la plus impérieuse des lois : celle de la nécessité.

En vain ici on alléguera le prix actuel des marchandises ou des denrées. Dès que dans notre hypothèse, nous ne lui assignons plus pour cause impulsive et première, la trop haute élévation dans le prix de l'argent, il ne peut plus être d'aucune considération importante.

Il ne tient plus alors qu'à une cause passagère, telle que celle qui naît de quelques aberrations dans les lois de la nature, de quelques désordres occasionnés par la révolution , mais qui disparaissent avec la cause qui les a produits.

Ces vices d'un moment, ne peuvent influer sur la base d'une législation générale , dont une longue expérience a démontré les effets salutaires. Autrement il faudrait autant de lois que de localités particulières , autant de modifications que d'accidens imprévus.

Sans doute il est possible que quelques individus se trouvent, même injustement, froissés par l'exécution trop littérale de cet édit de 1770. Mais quelle est la loi qui , salutaire à l'état , ne blesse pas l'intérêt de quelque particulier ? et quel est le législateur assez heureux pour atteindre à ce haut degré de perfection qui lui permette d'étouffer tous les murmures ?

L'état de civilisation a bien ses inconvéniens lui-même ! Mais il nous procure de si grands avantages , que pour en jouir pleinement , il nous importe souvent de renoncer à nos droits naturels.

Quelques sacrifices momentanés aux grands intérêts de la patrie , ne doivent donc pas coûter à des ames droites et pures. Et parce qu'un individu aura à se plaindre , avec quelque apparence de raison , de la disposition d'une loi qui lui est contraire , faudra-t-il tout-à-coup changer le système de la législation ?

Cette prétention n'est pas tolérable et surtout dans l'espèce de la cause.

Qu'on prenne en effet pour base des transactions entre les particuliers , le prix excessif des objets nécessaires à la vie , comme ce prix n'est évidemment qu'accidentel et passager , quel sera le sort de ces transactions , quand la crise sera passée ?

Il faudra donc les anéantir, ces transactions : autrement l'effet subsistera sans la cause. Et que deviendra cette grande maxime, non moins applicable en législation qu'en morale et en physique, *sublatâ causâ tollitur effectus?*

Nous aurons donc des engagemens qui ne seront plus en harmonie avec le prix des choses ; et s'ils sont à longs termes ou présentent les caractères d'une constitution perpétuelle, les débiteurs ne seront-ils pas infailliblement ruinés, sans aucun remède à leurs maux ?

Il n'y a donc réellement que l'innovation dans les anciens principes reçus qui présente les dangers de rompre tous les rapports entre le prix des choses et celui de l'argent.

Ainsi que mon adversaire choisisse. Veut-il en prenant abusivement l'effet pour la cause elle-même, que ce soit le prix des denrées ou des marchandises qui serve de base au prix de l'argent ; c'est un moyen sûr de rompre l'équilibre entre le produit des propriétés territoriales et celui des rentes et de l'industrie, au moins à l'égard de beaucoup d'individus dont la main d'œuvre est presque toujours la même dans le prix : c'est encore un moyen également certain de rendre injuste autant qu'insuportable le poids des obligations à longs termes ; c'est enfin le moyen de sacrifier aux seuls capitalistes toutes les autres classes de la société.

Mais aimerait-il mieux convenir que c'est réellement le prix de l'argent qui doit servir en quelque sorte de thermomètre au prix des marchandises ou des comestibles ?

Alors

Alors il faudra qu'il convienne que le seul parti à prendre pour rétablir un juste équilibre entre le prix des choses et le taux de l'argent, c'est de respecter l'édit de 1770 dans toute sa rigueur, parce qu'alors le prix de l'argent réglé sur le taux légal, fera nécessairement baisser le prix des marchandises et les ramenera à leur valeur réelle et comparative avec la valeur de l'argent lui-même, comme à l'époque de 1770 ; autrement il deviendra impossible d'exister en France, et l'on fera le malheur de presque tous les individus, sans même servir le véritable intérêt des capitalistes : puisqu'ils perdraient d'un côté ce qu'ils gagneraient de l'autre. Ce qui prouve combien l'avarice est aveugle, combien elle est inconséquente dans son propre système.

Je ne vous dirais donc point, lors même qu'il serait en votre puissance de le faire, je ne vous dirais point : anéantissez l'ancienne législation : *l'intérêt commun l'exige.* Ce serait une imposture évidente.

Je vous conjurerai au contraire d'en rappeler l'exécution dans tous les tribunaux français. Le taux de l'intérêt de l'argent, tel qu'il est fixé par l'édit de 1770, ce taux légal une fois admis dans toutes les conventions, seul il peut ramener à un prix raisonnable tout ce qui sert journellement à nos besoins ; seul il peut ranimer l'espérance dans tous les cœurs flétris par la douleur et l'inquiétude ; seul il peut remettre en activité des millions de bras paralysés, seul enfin il peut rendre le commerce florissant et restituer l'état tout entier à son ancienne splendeur.

Voilà, ce me semble, M., voilà les considérations politiques qui devaient naturellement frapper les premiers juges ; puisqu'oubliant si indiscretement le texte

et l'autorité des lois existantes, ils voulaient philo-
sophiquement s'attacher à leur théorie.

Je sais bien qu'en maintenant l'exécution rigoureuse de l'édit de 1770, vous ne remédierez point à
l'inconvénient des fraudes.

Mais laissons ces hommes sans mœurs et sans humanité ; laissons-les cacher dans les ombres du
mystère les coupables trames de leur iniquité pro-
fonde.

L'imprudence et l'erreur qui presque toujours ac-
compagnent le crime audacieux, l'excès même de
ses précautions peuvent servir à soulever le voile épais
qui le dérobera quelque tems aux yeux de la justice.

Mais, si par un destin fatal, il échappe à sa vigi-
lance, s'il brave impunément la sévérité de ses lois,
qu'au moins il ne trouve pas dans les tribunaux même
des soutiens et des apologistes aussi redoutables que
dangereux.

Telle est, M., telle est la première réponse que
j'ai à opposer au système de l'adversaire qui veut
légitimer l'infraction apportée à l'édit de 1770 sur
le prétexte spécieux qu'il ne nous est plus maintenant applicable, à cause des changemens survenus
dans le prix des choses, prix qui, selon lui, n'est
plus en rapport avec le taux de l'argent, tel qu'il
était fixé par le même édit de 1770.

Il m'en reste une seconde non moins victorieuse :
la voici.

2°. En admettant pour un moment la nécessité
d'apporter quelque modification à l'édit de 1770,
appartenait-il donc aux juges de première instance,
comme à ceux d'appel du département de la Seine

Inférieure, leur appartenait-il de la créer eux-mêmes ?
Quand la loi sur ce point était si profondément si-
lencieuse, leur convenait - il de suppléer à ses dispositions non écrites ? Non , sans doute.

Chargés de la simple application des lois de
l'état, leur devoir se bornait à en surveiller, à en
maintenir l'exécution littérale , et non à en changer
totalement la disposition par un second abus de pouvoir et d'autorité. Et c'est cependant ce qu'ils ont
très-imprudemment fait, en attendant qu'il plût au
vrai législateur de s'occuper de ce point intéressant.
Car le dernier considérant du jugement rendu sur
l'appel, ne permet pas le plus léger doute à cet
égard. Il porte en toutes lettres ces expressions remar-
quables.

» Enfin *jusqu'à ce qu'il ait été rendu une loi* qui
« détermine la règle de proportion à suivre au tems
« présent, l'exécution des stipulations contractuelles
« doit être maintenue , lorsqu'elle n'excède pas la
« mesure commune indiquée par le cours de la place. »
Le tribunal d'appel était donc bien convaincu lui-
même qu'il n'existait point d'autre loi que celle de
1770, pour servir de base à sa décision. Mais comme
elle ne paraissait point offrir une règle de proportion à suivre, il a cru devoir prendre son régula-
teur, non dans l'édit de 1770 , mais dans la convention des parties et l'usage prétendu d'une place de
commerce qui , selon lui, en méprisait l'autorité.

Si jamais un pareil abus pouvait se tolérer, le système des lois ne reposerait donc plus en France que
sur la chance ou la variation des effets de commerce ;
et le plus habile ou le plus rusé calculateur en deviendrait bientôt le législateur suprême.

On voit par ces conséquences funestes tout le danger qui peut résulter du mépris ou de l'oubli des vrais principes, et combien peut être fatale à la chose publique une précipitation inconsidérée, quand elle porte les tribunaux à prendre l'initiative sur le gouvernement lui-même.

Cependant témoins comme tous les français des soins constans et des efforts généreux de ce gouvernement paternel, témoins des travaux immenses qui, en lui attirant l'hommage de la reconnaissance publique., commandent à nos propres ennemis le respect et l'admiration ; les juges du département de la Seine inférieure devaient bien, ce me semble, imiter sa sage lenteur et sa prudente circonspection.

A l'exemple mémorable de ce consul romain, qui ne trouva le salut de l'état que dans sa patience et ses longs délais, ils devaient attendre qu'une expérience plus constante nous eût réellement convaincus de l'indispensable nécessité de modifier l'ancienne législation sur un point si délicat en lui-même, que la plus légère erreur échappée à l'imprudence pourrait en un clin-d'œil bouleverser en France la fortune publique et celle des particuliers.

Mais séduits par je ne sais quelle apparence de justice et de raison, entraînés par l'infidélité des rapports et les plus absurdes et les plus méchamment controuvés, ils ont tranché net sur un point de difficulté aussi sérieux.

C'est ainsi qu'en attendant qu'il intervînt une loi qui modifiât celle de 1770 ; ils ont indiscrètement proclamé que les particuliers, même les plus étrangers aux affaires de commerce, pouvaient toujours suivre l'usage prétendu de la place de Rouen, où, semblent-ils dire, on ne se fait plus conscience de donner aux conventions journalières tous les caractères de l'usure la plus criante, et de fouler aux pieds la morale publique, et l'autorité des lois de l'état.

Une imputation aussi douloureuse ne saurait convenir sans doute à cette ville intéressante.

Né dans ses murs fortunés que naguère ont honoré la présence et les bienfaits du Premier Consul, je dois la venger d'un outrage aussi sanglant et vous prémunir contre une accusation aussi téméraire.

Non, M., il n'est point vrai qu'un usage aussi criminel se soit introduit dans cette grande cité. Si même, on peut le dire avec confiance et vérité, s'il est des négocians honnêtes et délicats, c'est-là surtout qu'ils ont établi leur asyle honorable. Et si, comme au tems du paganisme, on élevait encore sur la terre un temple à ses idoles chéries, c'est là que la probité même aurait des autels et de vrais adorateurs.

Loin de vous donc, M., loin de vous cette pensée si flétrissante pour cette grande commune, qu'on s'y fait un jeu d'y violer les lois les plus nécessaires au maintien du bonheur public.

Si, comme partout ailleurs, on y trouve quelques-uns de ces hommes pervers qui, dans le commerce, dont ils compromettent l'honneur et la sûreté, n'y ont jamais apporté qu'un grand fond d'audace et d'immoralité; il n'en est pas moins vrai qu'en nul endroit de la France, peut-être, les lois de l'état n'ont inspiré plus d'attachement réel et plus de vénération.

La paix et le calme heureux qui l'ont si honorablement distinguée durant nos troubles politiques, le bon esprit de ses autorités qui sauva tant de victimes et leur en fit un port assuré pendant l'orage, ne permettent point d'élever un doute raisonnable sur des vérités aussi consolantes et pour elle et pour moi.

Je dis pour moi, s'il m'est permis ici de parler en mon nom personnel, parce qu'un amour sincère m'attachera toujours à ses nobles vertus, et que l'absence et l'éloignement ne pourront jamais me détacher de ses vrais intérêts ou de sa gloire.

C'est donc bien inconsidérément que, pour justifier ses propres écarts, ses tribunaux civils ont osé lui imputer une infraction habituelle que contredit même si visiblement l'autorité de tous les jugemens émanés de sa propre jurisdiction consulaire et dont une seule fois même au procès, l'adversaire n'a pas osé réclamer la faveur.

Où donc est réellement l'usage de la place de commerce de Rouen, si l'adversaire est dans l'impuissance absolue de produire un seul acte public, un seul jugement de sa propre jurisdiction qui l'établisse ?

Ainsi trop confians dans les vaines allégations d'un homme intéressé à les tromper, les Magistrats les plus probes et les plus équitables sont devenus les trop fidèles échos de la calomnie. Tant la vertu même a de propension à l'erreur ; tant il est facile de surprendre un arrêt inique à sa religion, quand on peut l'abuser au nom spécieux du bien public ou de l'humanité !

Mais où m'entraîne ici le zèle et l'attachement pour les lieux qui m'ont vu naître et pour ceux qui, dans la carrière que je fournis, ont été souvent ou les témoins de mes premiers efforts, ou mes précieux modèles.

J'oublie trop que j'abuse de la faveur de votre honorable attention, et qu'il est tems de terminer une discussion que l'abondance des moyens les plus victorieux a prolongé peut-être au-delà des justes bornes où je devais m'arrêter. Je finis donc par une dernière réflexion, qui fera ma troisième réponse à l'argument de mon adversaire.

Ce ne peut plus être maintenant un problême à vos yeux, M. ; non, ce ne peut plus être un problême, qu'il y ait eu véritablement une double violation de la loi, un second abus de pouvoir dans le jugement qui vous est dénoncé.

Mais pour vous déterminer à le maintenir, quelle sorte de considération osera-t-on vous proposer?

A quel titre pourra-t-on vous demander la dérogation à l'édit de 1770 , pour accréditer un système aussi nouveau en législation, que hasardeux en économie politique.

Sans doute, il est des espèces où l'application rigoureuse des principes, en opposition apparente avec l'équité naturelle, peut affecter l'ame du Magistrat d'un sentiment pénible.

Dans ces circonstances critiques, je l'avouerai, il est quelquefois bien dur d'être juge et d'être forcé d'oublier qu'on est homme et sensible.

Mais ici de quoi s'agit-il au procès? D'un délit d'usure avoué, reconnu par le coupable.

Or, je vous le demande, où est l'embarras ou le danger de le punir?

Aveuglés par leur propre intérêt, ou trop indifférens sur celui des autres, la plupart des hommes aujourd'hui, je le sais, ne voient plus rien de criminel dans ce forfait honteux.

Et voilà ce qu'a produit l'oubli des premiers devoir et la corruption dans les mœurs.

Mais faut-il s'en étonner? Ces fruits amers et sauvages ne sont-ils pas les seuls dont le germe ait jamais pu se développer et percer à travers les ronces et les épines, les seuls qui jamais aient pu parvenir à leur maturité, sur un sol ingrat que le souffle empesté des longues révolutions a pour long-tems frappé de stérilité?

Au reste, ce crime en est-il moins un attentat contre l'autorité des lois divines et humaines.

En a-t-il moins mérité la juste censure et l'animadversion de tous ceux qui ont écrit sur la morale ou la philosophie.

Non fœnerabis fratri tuo ad usuram pæcuniam.

Vous ne prêterez point à usure, dit le Deuteronome.

Dans le plan d'une république, fondée sur la vertu, Platon ordonne de *prêter sans aucun intérêt.*

Tacite attribuant à l'usure tous les maux de l'empire, nous dit dans ses annales, au règne de Tibère, qu'elle est l'ancienne source et le principe naturel de la discorde et des séditions : *sane vetus urbi fenebre malum, seditionum, discordiarumque creberrima causa.*

Caton enfin, si nous en croyons l'illustre orateur de Rome, le vertueux Caton assimilait le crime de l'usure au meurtre même d'un citoyen.

Cum ille qui quæsierat, dixisset quid fœnerari, tunc Cato, quid hominem, inquit occidere?

Quel laconisme et quelle profondeur de pensée dans cette réponse sublime ?

Quel trait de génie dans cet unique interrogat et comment peindre en moins de mots, tout ce qu'a d'odieux et d'horrible un crime de cette nature ?

Et n'avait-il pas raison , ce grand homme de mettre sur la même ligne et *l'assassin* et *l'usurier* ?

Quelle différence en effet , pourrait exister entr'eux ?

L'un m'arrache la vie : l'autre m'ôte les moyens de la conserver.

Si entr'eux on peut saisir quelque nuance qui les empêchent de se ressembler en tout point , ne sont-elles pas réellement, osons le dire , ne sont-elles pas toutes en faveur du meurtrier lui-même ?

En effet , celui-ci souvent guidé par le plus impérieux des besoins , ou dans le délire d'une passion qui le subjugue et l'entraîne , me porte un coup mortel , sous lequel je tombe et péris à l'instant.

Celui-là , au contraire , sans autre impulsion que l'avarice , souvent même au milieu de l'abondance et des trésors , calcule *froidement* toutes les horreurs de ma longue agonie , et par les douloureuses privations qu'il m'impose chaque jour , avec une main de fer , il me traîne à pas lents dans la poussière du tombeau.

Faut-il donc s'étonner si nos anciens souverains ont sévi avec tant de rigueur contre un délit si détestable , et si en le flétrissant d'une peine capitale , notre ancienne jurisprudence offre tant de monumens qui attestent encore la vénération de nos pères pour la religion et la loi.

En vain , l'une et l'autre éleveront aujourd'hui leur voix éloquente et sublime pour arrêter ce désordre dans sa source impure , tant que les coupables trouveront dans les tribunaux mêmes un appui tutélaire.

Il est tems , M. , il est tems que vous interposiez votre autorité souveraine pour arrêter cette lutte vraiment scandaleuse entre la volonté formelle du législateur, et celles des juges qui s'obstineraient à en méconnaître la suprême puissance.

Jamais circonstance, peut-être, ne fut plus propre à seconder à cet égard le zèle ardent que vous avez toujours montré pour la chose publique, parce que, jamais peut-être encore ne vous a-t-on dénoncé de jugement qui renfermât tant de contraventions, aux lois d'un intérêt général, que celui même qu'ont attaqué les demandeurs en cassation.

Pour vous établir le contraire, et me priver s'il est possible de tous mes avantages, le défenseur(1) de mon adversaire, ne négligera rien sans doute ; mais que pourra jamais, le charme de son éloquence ou toute la puissance de sa logique contre cette masse imposante et de lois et d'autorités contre laquelle viendront nécessairement se briser et s'anéantir ses argumens les plus spécieux.

Assise sur des bases inébranlables, la cause des demandeurs doit donc seule réussir : elle est réellement triomphante.

La décision des tribunaux de Rouen, offre en effet une première violation des ordonnances, dans le caractère légal qu'ils ont essayé de donner à une convention vraiment usuraire, puisqu'au mépris de l'art. 2 du tit. 6 de celle de 1673, elle contient l'intérêt des intérêts cumulés avec la somme principale, vice qui ne permettrait pas de laisser subsister l'obligation, lors même qu'on aurait négligé de prendre des lettres de rescision, puisque ces lettres n'étaient pas même nécessaires dans l'espèce où l'obligation était nulle *de plein droit*.

______

(1) Le C. Chabrou.

Elle est encore victorieuse sous un second rapport, puisque le jugement attaqué, présente une seconde infraction aux dispositions de la loi, en autorisant la stipulation des intérêts à un taux supérieur à celui fixé par l'édit de 1770.

Et cette infraction est d'autant plus inexcusable, que, comme je l'ai démontré, l'édit était et est encore en pleine vigueur, puisque, 1°. le décret du 6 floréal an 3, qui déclarait l'argent marchandise, avait été rapporté; 2°. que la loi du 5 thermidor an 4, et celle du 15 thermidor an 5, n'avaient point d'application à l'espèce où il ne s'agissait ni *de la liberté* ni *de la réduction* des transactions, mais seulement *du taux* de *l'intérêt de l'argent*, qui se trouve même textuellement confirmé par la loi de 1789.

Bien vainement sans doute, comme nous l'avons encore fait voir, bien vainement on aurait cherché à atténuer la forme de ses dispositions particulières, soit par un prétendu usage des places de commerce, soit enfin, par une sorte de justice qu'il y aurait à s'écarter de la rigueur de la loi, à cause de la différence des tems.

Ce ne sont là, je l'ai démontré, ce ne sont là que des sophismes, parce que, 1°. jamais on n'a pu déroger à des lois d'ordre public par des conventions particulières, 2°. parce que un usage, fut-il accrédité par une longue infraction à la loi, quand elle est en vigueur, cet usage même n'est qu'un abus intolérable qu'il faut réprimer ou punir; parce que, 3°. la différence des tems actuels avec ceux de l'édit de 1770, ont si peu rompu les rapports des choses, que le seul moyen possible de ramener l'équilibre entre le taux de l'argent et le prix de ces mêmes choses, est de rap-

peler l'exécution précise de l'édit de 1770 ; 4°. parce-
qu'enfin fut-il même bon sous cerapport, de condescendre
au vœu des capitalistes, les juges chargés de la seule application des lois, ne pouvaient se le permettre, quand,
sur-tout le gouvernement gardait un profond silence,
que la nature des prétentions de l'adversaire infiniment odieuses en elles-mêmes, ne petmettait pas d'in-
terprêter en sa faveur.

Les moyens des demandeurs ainsi résumés, que
leur reste-t-il à faire en ce moment, Magistrats?

Rien sans doute qu'à attendre avec autant de confiance que de respect, un jugement définitif qui met-
te un terme aux longues vexations qu'ils ont éprou-
vées pour obtenir une justice qu'on devait s'empres-
ser de leur rendre.

Hâtez-vous, M., hâtez-vous de le prononcer.

Les yeux levés sur votre tribunal auguste, la république entière, pour ainsi dire intéressée à ce jugement le demande avec impatience.

Oui, elle réclame elle-même, aujourd'hui ce grand
acte de justice et de fermeté qui doit faire rentrer dans
l'obéissance et le devoir, cette foule innombrable de
prévariteurs obstinés qui troublent et déshonorent la
société.

Il est tems que le sol heureux que nous habitons,
soit purgé de ses barbares et froids égoïstes, qui, dans
le commerce de la vie, ne stipulent jamais que pour
leur intérêt propre. Aussi que sont - ils à l'état, M. ?
Ce que sont à l'arbre épuisé ces branches gourmandes
et parasites qui, à elles seules, en devorent toute la
sève abondante.

Mais, si les vrais intérêts de la nation ne sau-

raient toucher ces cœurs de bronze ; si pour eux la morale et la religion, sont sans frein et sans vertu ; s'ils
en méprisent les conseils ou en bravent les anathêmes,
aprenez-leur enfin , qu'armés par la justice et dignes
d'en occuper ici le trône éclatant, vous avez en main
ses foudres redoutables.

Que dans la profondeur du sanctuaire où vous ont
placé vos éclatantes vertus , que son tonnerre en gron-
dant, annonce que ce n'est pas vainement qu'elle vous
a commis ses vengeances.

Et si par un sentiment de clémence , apanage ordinaire de la véritable grandeur , si vous suspendez sur
leur tête coupable le juste fléau de sa colère, qu'au
moins l'effroi d'un châtiment sévère ramène enfin les
plus rebelles au profond respect que nous devons tous
aux lois de la patrie !

Oui, qu'intimidés par vos menaces salutaires, ils
cessent d'entraver, au-dedans de l'état, la marche
pénible de son commerce languissant et désolé, quand
pour en assurer au-dehors la juste indépendance , nos
flottes et nos légions vont braver l'océan et ses tem-
pêtes.

Ce triomphe honorable sur des cœurs endurcis, vous
méritera les hommages de la reconnaissance publique,
et vous associant aux travaux des plus zélés défenseurs
de l'état , vous en fera partager la gloire.

BOYELDIEU, *Avocat.*

OBSERVATIONS

SOMMAIRES,

POUR servir de Réplique aux moyens du défendeur en cassation (1).

L'USURE, a-t-on dit, en faveur des prêteurs de fonds, l'usure n'a jamais été considérée comme un délit en France, que par la force des préjugés religieux qui se mêlaient à l'ancienne législation.

Aujourd'hui que la raison a repris ses droits usurpés ; que la religion ayant cessé d'être triomphante dans nos dernières assemblées politiques, ne confond plus son domaine avec celui de la puissance temporelle, il est d'autant plus ridicule d'invoquer les anciennes lois sur la matière, que nous sommes tous devenus *des juifs et des lombards*; que notre code criminel a même effacé du nombre des crimes celui qu'on reproche au défendeur; que le système de notre législation moderne est si favorable à ce qu'on veut bien encore appeler *usure*, qu'elle n'ad-

-----

(1) L'usage habituel du tribunal de cassation ne permettant point la réplique des défenseurs, nous n'avons pu réfuter à l'audience même que les objections qui avaient été précédemment signifiées. Comme celles qu'on a réservées pour la plaidoirie n'ont point été exposées au choc de la contradiction, nous croyons devoir ici les analyser rapidement et y répondre par le rapprochement des vrais principes afin de compléter notre défense en faveur des demandeurs.

met plus comme moyen de restitution contre les contrats de vente, celui de la lésion même la plus énorme ;
qu'enfin, la multiplicité des infractions à l'autorité
de l'ancien droit, suffit pour les légitimer et rendre
impossible aujourd'hui tout retour à l'ordre précédemment établi.

Tels sont en substance, pour ne pas dire en propres termes, les derniers moyens employés par mon
adversaire pour écarter le pourvoi des demandeurs
contre le jugement du tribunal d'appel de Rouen.

Certes ! il était difficile de prévoir une pareille ar-
gumentation, et il n'était pas naturel que nous nous
occupassions de la prévenir. Mais puisque l'on n'a
pas craint de se la permettre en pleine audience,
nous ne devons pas rougir de la repousser publique-
ment et de compléter ainsi notre réponse au système
qu'on veut établir en faveur de l'agiotage.

1°. C'est, ce nous semble, professer une doctrine
bien étrange, pour ne rien dire de plus, que de soutenir que le délit de l'usure ne prend sa source en France
que dans les préjugés religieux.

L'usure ne blesse-t-elle donc que l'autorité des lois
positives ? N'est-elle pas une offense directe à celle
des lois naturelles, qui sont le premier fondement de
la morale, de la jurisprudence et de la politique ?

Et qui pourrait en douter, quand on voit les peuples
encore asservis sous le joug même du paganisme, proscrire l'usure comme un véritable crime. Quelle autre
lumière avait pu les aider à discerner ce qu'elle avait
de contraire à la véritable morale, que celle qui luit
dans le cœur de tous les hommes, et leur apprend à
s'abstenir de ce qui est naturellement injuste.

L'opinion

L'opinion des philosophes les plus célèbres dans l'antiquité, et les dispositions mêmes du code des romains, ces fameux législateurs du monde, n'en offrent-ils pas la preuve la plus convaincante ?

Etait-ce en effet, au flambeau de l'évangile qu'avait été gravée la loi des douze tables, qui au rapport de l'historien Tacite réprimait l'usure chez ce peuple belliqueux (1).

Le prince des philosophes était-il donc un dévot fanatique, et dont l'esprit s'en laissât imposer par les prétendus préjugés du christianisme, quand il professait hautement dans Athènes, qu'il fallait mettre au même rang et les usuriers et ceux qui faisaient le métier infâme de la prostitution. *Il est*, disait-il, *contre les lois de la nature qu'une chose stérile en soi-même telle qu'est l'argent, produise du fruit.* (2)

Agis à la tête de cette célèbre ville de la Grèce, était-il aussi un casuiste imbécille, lorsqu'au témoignage de l'histoire, véritablement touché des malheurs du peuple écrasé sous le poids des usures, il se fit représenter toutes les promesses de ceux qui avaient emprunté de l'argent *et fit brûler toutes celles qui portaient intérêt.*

Enfin, César durant sa dictature, et Tibère parvenu

---

(1) Montesquieu au livre 22 du chapitre 22 prétend que Tacite a fait erreur sur ce point. Mais il cite lui-même la loi Licilienne rendue 85 ans après la loi des 12 tables, laquelle, dit-il, ordonne *qu'on trancherait du capital ce qui avait été payé* pour les intérêts et que le reste serait payé en trois paiemens égaux.

(2) Aristote.

D

à l'empire, oui, Tybère lui-même, n'ont-ils pas dans des tems plus rapprochés de nous, pris soin par la sévérité de leurs réglemens sur l'usure, de justifier d'avance nos anciens souverains, du reproche si ridicule qu'on leur fait aujourd'hui de s'être laissés entraîner par le génie du christianisme dans toutes les lois qui la réprimaient.

En effet, si nous nous reportons à leurs dispositions mêmes, nous serons bientôt convaincus que le principal motif qui les a fait rendre, fut le désir si louable de faire triompher la justice et l'humanité, et de soulager le pauvre véritablement opprimé par les usuriers sans pudeur?

C'est ce que prouvent les expressions d'une ordonnance de 1311, rendue par Philippe Lebel, au mois de juillet où nous lisons en style du tems.

« Désirant de grant affection de tout notre cœur....
« la réformation publique de notre royaume et profit
« des subgiés, procure et escheve leur dommage,
« veons clairement et regardons que les griefs, *usures*
« *qui cuerrent en cest tems par toutes les parties de*
« *notre royaume devouerent et gatent les biens, et*
« *la substance de nos subgiés*, communément entant
« que sans nombre de gens ne sont venus en *grant*
« *pauvreté et veuroient plusieurs* si remède n'y était
« mis. (1)

____

(1) *Desiderantes ex magna effectione ex toto nostro corda.... Reformationem publicè regni nostri et utilitatem nostrorum subjectorum et vitaverunt eorum damna quod graves usuræ quæ currunt istis temporibus communiter in tantum quod multi nobiles eorum venerunt in magna paupertate et venirent ampliores, nisi remedium adhiberetur.*

Et dans une autre ordonnance du 8 décembre 1312,
rendue en interprétation de la précédente qu'on
cherchait à éluder, le même souverain ajoute en parlant
des usures et dans le même style.

« Aussi comme ils viennent de Greigneure *convoitise,*
« *iniquité* et *inhumanité* et *qui plus griefvement tour-*
« *mente le peuple et le commun des gens*, nul homme
« de sain entendement ne doit entendre que nous
« voulsissions souffrir ce que nous avons reprimé et
« défendu expressément. (1)

Ce qu'on trouve de dispositions prohibitives contre
l'usure dans les anciennes ordonnances, ne tient donc
pas seulement aux dogmes professés dans l'église ca-
tholique, mais à la juste opinion qu'en ont donné
dans tous les tems les seules lumières de la conscience
et la voix de la droite raison dont le langage a toujours été, est et sera commun à tous les peuples,
comme ledit judicieusement Cicéron, dont LACTANCE
nous a conservé ce beau passage.

« *La droite raison,* disait ce philosophe, est certaine-
« ment une véritable loi conforme à la natnre, commune à
« tous les hommes, constante, immuable, éternelle.
« Elle porte les hommes à leurs devoirs par ses com-
« mandemens, et les détourne du mal par ses dé-
« fenses. Il n'est pas permis de retrancher quelque
« chose de cette loi ni d'y rien changer, et bien moins
« de *l'abolir entièrement.* Le sénat ni le peuple né
« sauraient *en dispenser.* Elle s'explique d'elle-même
« et né demande point d'autre interprète. Elle n'est
« point autre à Rome, et autre à Athènes. Elle n'est
« point autre aujourd'hui et autre demain. C'est la loi

____

. (1) Au recueil des ordonnances du Louvre.

« *éternelle* et *invariable* qui est donnée à toutes les
« nations, en tout tems et en tous lieux, parce que
« Dieu qui en est l'auteur, et l'a lui-même publiée,
« sera toujours le seul maître et le seul souverain de
« tous les hommes. Quiconque violera cette loi, renon-
« cera à sa propre nature, se *dépouillera de l'huma-*
« *nité*, et sera par cela même rigoureusement *puni de*
« *sa désobéissance*, quand même il éviterait ce qu'on
« appelle ordinairement supplice. »

Qu'importe donc cette lutte effrayante, qui dans nos
dernières assemblées politiques, s'est établie entre
les partisans de la religion, et ceux qui voulaient en
abolir jusques au nom sacré ?

1°. L'échec douloureux qu'elle a éprouvé, n'est pas,
ce me semble pour les vainqueurs eux-mêmes, un triomphe assez honorable, pour s'en faire un trophée public.
Il a d'ailleurs coûté trop de larmes et de sang à la
France, pour qu'il soit aujourd'hui décent et glo-
rieux de célébrer si hautement dans le sanctuaire même
de la loi, une victoire aussi funeste à l'état, lors sur-
tout que ceux qui le gouvernent aujourd'hui avec
tant de sagesse et de courage, s'appliquent journellement à en arracher de nos mains imprudentes tous
les fruits empestés, lorsqu'enfin en relevant nos tem-
ples si long-tems prophanés, ils autorisent nos orateurs
chrétiens à professer cette morale sublime, qui seule
et sans le concours et l'autorité même des lois civiles,
peut nous préserver du malheur affreux de voir dans
tous les français *autant de juifs et de lombards* qu'en
veut bien supposer mon adversaire.

2°. La distinction qui, existe depuis ce tems entre
la puissance temporelle et spirituelle, n'a pu rien
changer à l'autorité des principes, puisque la loi civile

ne saurait dispenser de la loi *naturelle* qui est toujours obligatoire.

Dans la simple théorie, le système du défendeur est donc insoutenable.

Mais eût-il même quelque fondement spécieux, quel succès pourrait-il en espérer, quand toutes les lois de l'état, en pleine vigueur, offrent les dispositions et les plus claires et les plus formelles pour proscrire l'usure dont on s'efforce vainement d'accréditer et de pallier les horribles injustices.

Le célèbre Pothier, dans son traité sur cette matière, disait donc avec bien de la raison.

« Les lois divines et humaines ayant condamné l'u-
« sure, c'est une conséquence que toutes les conventions
« par lesquelles le prêteur stipule des intérêts ou quel-
« que chose outre la somme prêtée, *sont nulles*, (1) et
« ne produisent aucune obligation, suivant cette règle.
« *Pacta quæ contra leges fiunt nullam vim habere in-*
« *dubitati juris est. l. 6. cod. de pact.*

Et il ajoute, « ces conventions ne produisent pas
« même *d'obligation naturelle*, et le débiteur qui
« a promis *les intérêts usuraires*, non - seulement ne
« peut être contraint dans le for extérieur à les payer,
« mais il n'y est pas *même tenu dans le for de la cons-*
« *cience*, car quand on supposerait que l'emprunteur
« par la promesse qu'il a faite de payer ces intérêts,
« aurait contracté une obligation de les payer, cette
« obligation serait détruite par celle que le créancier
« aurait contractée de son côté de l'en décharger. Or,
« on ne peut pas douter que le créancier par l'injus-

____

(1) Ce qui, pour le for extérieur, ne peut s'entendre aujourd'hui que des intérêts stipulés au-dela *du taux lé-gal.*

« tice qu'il a commise d'exiger de l'emprunteur *la*
« *promesse de payer les intérêts usuraires* , n'ait con-
« tracté envers lui *l'obligation de réparer cette injus-*
« *tice* , et par conséquent de le décharger de cette
« promesse , d'où il suit que l'obligation qu'on sup-
« pose résulter de la promesse de *l'emprunteur ne*
« *subsiste pas* , et que même dans le for *de la cons-*
« *cience , il n'est pas obligé à payer les intérêts usu-*
« *raires qu'il a promis de payer.*

Ces principes développés , de quel poids sera maintenant l'argument qu'on a prétendu tirer du silence du
nouveau code criminel qui ne met plus *l'usure* au rang
des délits punissables (1).

1°. Les demandeurs en pourvoi n'ont jamais poursuivi le défendeur par la voie extraordinaire ; c'est dans
les tribunaux civils qu'ils l'ont traduit , pour obtenir et
faire prononcer la nullité de son obligation en tant qu'elle
était usuraire. La loi civile est donc la seule dont on
puisse raisonnablement invoquer les dispositions dans
l'espèce de la cause.

2°. Mais où en serions-nous donc , si l'on autorisait
tout ce que ne défend pas textuellement ce code , fait à
une époque encore bien voisine des tems de l'anarchie
et dont l'intérêt public force aujourd'hui le législateur
même à arracher presque toutes les pages.

____

(1) Le C. Arnauld, chargé des fonctions du ministère public dans cette affaire importante , a très - bien
observé , dans ses conclusions , aussi judicieuses
qu'éloquentes , que le silence de la loi criminelle n'ar-
rêtait pas le cours de la loi civile ; que conséquemment la loi de 1770 , sur le taux légal de l'argent devait être strictement exécutée.

Je n'y vois point de peine prononcée contre l'adul-
tère. Faut-il en conclure que dans l'esprit même de la
loi nouvelle, l'outrage le plus sanglant fait à l'honneur
et aux droits les plus sacrés des époux, soit permis et
autorisé? Qu'il soit à l'abri de toute censure de la part
des tribunaux et qu'ils n'aient plus de moyens répressifs
pour arrêter un désordre aussi scandaleux que subver-
sifdes premiers fondemens de la société ?

Quel avantage pourra-t-on encore tirer de la loi nouvelle, qui a abrogé ces dispositions tutélaires de l'ancien droit français, qui permettaient au débiteur malheureux, qui avait aliéné à vil prix, de se faire restituer pour cause *de lésion*.

Est-il donc vrai, comme on a semblé l'insinuer à
l'audience, que cette loi prouve que tout le système de
la législation moderne en France soit favorable à l'usure.

J'aime à croire avec les citoyens honnêtes que le législateur, en abrogeant la faculté de casser et anéantir
les contrats de vente pour cause de lésion, quelque
énorme qu'elle fût, n'a voulu que faciliter et multiplier
les mutations, en rassurant les acquéreurs contre les dangers de l'éviction ; que jamais dans son intention il n'a
voulu autoriser et légitimer les usures, en maintenant
dans la main de ceux qui en seraient coupables, les
immeubles que la détresse de leurs débiteurs aurait
forcé ces derniers à leur abandonner à vil prix.

Si tel était l'esprit de cette loi, osons le dire, elle
serait l'opprobre du législateur lui-même, puisqu'elle
aurait pour but et sans aucun espoir de retour de con-
sommer la ruine entière des malheureux débiteurs et
de les livrer poings et mains liés à la voracité de cette
classe d'hommes les plus barbares et les plus méprisa-

bles ; je veux dire de ces êtres démoralisés qui ne vivent plus que d'injustices et de rapines (1).

Enfin que pourra-t-on se promettre de favorable au
système de l'usure par la multiplicité des infractions
aux lois qui la défendent.

N'est-ce donc pas une chose étrange de vouloir légitimer les injustices , parce qu'elles passent en habi-
tudes. Ainsi plus le mal aura d'intensité , moins dé-
sormais il faudra donc s'occuper du soin d'y remédier.

Quelles maximes et quelle morale ?

Mais à Rome quand ce fléau de l'usure était à son
comble , quand il avait gangréné jusques aux mem-
bres siégeants dans le sénat même , osait-on proposer
des principes semblables et demander à l'empereur
qu'il lui plût d'abolir la loi , parce que par-tout elle
était ou méprisée ou méconnue ?

Tibère, ce profond politique , aurait-il donc accueilli
des prétentions aussi révoltantes pour servir la mons-
trueuse cupidité de l'usure , aux risques de perdre
l'état dévoré par cette lèpre houteuse ?

Non , sans doute , et c'est encore Tacite qui , dans
dans ses annales , nous atteste qu'on se contenta de
recourir à la clémence du prince et de se ranger
promptement sous l'empire et l'autorité même de la
loi.

» L'intérêt de l'argent , dit-il , n'avait point eu

---

(1) Un jurisconsulte indigné de l'induction qu'on
tâchait de tirer de cette loi, pour l'appliquer en faveur de l'usure, ne put s'empêcher de dire, à l'audience même, que s'il avait l'honneur d'être membre du conseil d'état , il proposerait sur le champ de
remettre en vigueur l'ancienne loi sur la lésion.

« d'autres règles auparavant que la cupidité des ri-
« ches. Il fut réduit à un demi pour cent, à la réqui-
« sition des tribuns , puis supprimé totalement, et l'on
« fit une multitude de plébiscites , pour obvier à di-
« verses fraudes qui, réprimées chaque fois, trouvaient
« toujours l'art de se reproduire.

« Le préteur Gracchus, chargé pour lors de con-
« naître de ces sortes de délits, voyant le nombre
« prodigieux de citoyens qui risquaient d'être con-
« damnés, en fit son rapport au sénat.

« Les pères effrayés, parce qu'ils étaient tous en
« contravention, recoururent à la clémence du Prince,
« et Tibère *accorda un délai* de dix-huit mois, pen-
« dant lesquels chacun aurait le tems de se remettre
« en règle avec la loi (1) «.

La multitude des infractions ne parut donc pas à
Rome, un titre à l'indulgence , elle n'offrit qu'un motif de plus pour rappeler l'exécution précise et littérale
des lois prohibitives.

En peut-il être autrement parmi nous ? Et serons-nous
moins humains , moins justes, moins politiques que

---

*Cum anteà ex libidine locupletium agitaretur:
dein rogatione tribunitiâ semuncias redacta , post-
remó vetita usura: multisque plebiscitis obviam
irent fraudibus, quæ toties repressæ, miras per artes
rursùm oriebantur. Sed tum Gracchus , Prætor , cui
ea quæstio evenerat, multitudine periclitantium su-
bactus, retulit ad Senatùm; trepidique patres (ne-
que enim quisquam tali culpâ vacuus) veniam à
principe pitivere; et concedente, annus in posterum,
sexque menses dati, quis, secundum jussa legis, ratio-
nes familiares cui que componerent.* (Tacite.)

ce peuple dont nous avons adopté presque toutes les institutions.

Nous terminerons cette discussion par une dernière réflexion dont la justice n'échappera sans doute à personne et suffira pour démontrer combien la violation de l'édit de 1770, occasionne de désordre en France et combien par conséquent, il importe de le remettre en vigueur.

Avant que l'insouciance des tribunaux, et l'oubli des principes religieux, comme le mépris de l'autorité légale eussent fait de nous tous un *peuple de juifs et de lombards*, pour me servir de l'expression favorite du défenseur de l'adversaire, il était rare de voir les fermiers en retard pour l'acquit de ce qu'ils devaient à leurs propriétaires.

Aujourd'hui l'on en voit peu qui, sur ce point important, remplissent avec équité les conditions essentielles de leurs baux.

Il n'en est point à qui même les demandes judiciaires, les procédures les plus onéreuses puissent en imposer.

D'où vient ce changement, ou plutôt cette folle persévérance, cette injustice audacieusement combinées ?

Ah ! peut-on le demander. C'est le fruit naturel de l'agiotage qui nous dévore.

Pourquoi ces hommes dont trop souvent le Dieu suprême est l'argent, pourquoi payeraient - ils aux termes fixés par leurs obligations ?

N'en diminuent-ils pas naturellement le poids en éloignant l'acquit de leurs fermages, dont ils ont tant de facilité à verser le prix dans les mains de ces sang-sues publiques qui leur en donnent le denier six ou

dix pour le replacer au denier quinze, vingt, trente
et quarante.

Tant qu'on s'obstinera donc à fermer les yeux sur
le désordre épouvantable qui naît de la violation de
la loi de l'état qui fixe l'intérêt de l'argent, les propriétaires sécheront et de misère et de besoin, et ce
sont eux-mêmes qui seront forcés de traiter à si haut
prix de leurs propres Capitaux.

Sous quelque aspect qu'on envisage le système de
l'usure qu'on veut légitimer en France, au mépris
de toutes les lois naturelles ou positives, il est facile
d'apercevoir qu'il n'a de fondement que sur la ruine
entière, et des mœurs et de la société; qu'il nous
importe donc à tous en général qu'il soit à jamais proscrit, et que l'édit de 1770 soit réellement exécuté dans
toutes ses dispositions prohibitives.

Le respect que nous porterons tous à son autorité,
peut seul remettre en activité toutes les branches de l'industrie et tarir la source de nos plus grands malheurs.

BOYELDIEU, *Avocat.*

CONSULTATIONS

Délibérées à Rouen,

En faveur des Héritiers bénéficiaires et des Créanciers du feu citoyen LE MÉTAIS, appelants.

LE CONSEIL soussigné, qui a pris lecture d'un mémoire fait pour les créanciers LE MÉTAIS.

EST D'AVIS que le jugement dont est appel doit être reformé, s'il demeure certain que le citoyen. . . . . . a fait stipuler à son profit des *intérêts usuraires.*

Les premiers juges se sont appuyés sur l'article premier de la loi du 5 thermidor an 4, et sur l'article V de la loi du 15 fructidor an 5.

Ce sont là des erreurs échappées à des magistrats aux lumières desquels nous nous plaisons de rendre hommage.

Bien loin que les lois sur les transactions entre citoyens, que le papier-monnaie a fait rendre, contiennent quelque chose que ce soit qui présente l'apparence d'une autorisation accordée aux citoyens de régler entr'eux, par leurs conventions, un *intérêt arbitraires de l'argent,* il n'y en a pas une qui ne continue de prendre, en fait *d'intérêt,* la règle préexistante du *cinq pour cent.*

L'intérêt légal de cinq pour cent est honnête ; il est proportionné au revenu ordinaire des immeubles. Tous les peuples policés en ont fixé le *taux*. La morale publique ne doit point être violée par une morale particulière que chaque prêteur aurait et ferait varier selon les besoins de l'emprunteur ; la société serait désorganisée. Lorsque le prêteur retire, outre son capital, une somme qu'il est en droit d'exiger, c'est l'*intérêt*. Lorsqu'il retire une somme qu'il n'est pas en droit d'exiger, en tout ou en partie, c'est l'*usure*. Cette distinction est précisément celle de toutes les législations et de tous les arrêts rendus sur la matière de l'*intérêt de l'argent*.

Jamais il n'y a eu de législateurs qui aient permis à un particulier de dépasser par ses conventions le *taux général de l'intérêt* de l'argent. Cette convention est tellement illicite, qu'il était défendu aux notaires de l'insérer dans les actes publics qu'ils passaient, sous des peines rigoureuses : preuve certaine qu'elle n'était pas plus permise pour des actes privés du fait seul des parties contractantes.

Comment ce ferait-il que les mêmes lois qui ordonnent aux tribunaux de ne prononcer par leurs jugemens, pour les délais qu'ils accordent, qu'un intérêt de cinq pour cent, permissent, par une contradiction bien étrange, que des conventions particulières dérogeassent au plan fixé que le législateur a tracé pour servir de règle à tous les juges ?

Les circonstances de la guerre, de la rareté du numéraire ; l'usage qui s'est introduit dans quelques banques ; les emprunts du gouvernement ; les adjudications des deniers dus à des mineurs, etc. etc. . . . . tout cela est *hors* et *contre les lois*, qui sagement ont fixé le *taux de l'intérêt* ; et les magistrats doivent ramener toutes les transactions des citoyens à la sagesse de la loi, sans quoi il n'y aura plus de *morale publique*, de *conscience publique*, chaque individu aura, à son gré, la morale et la conscience qui conviennent à son caractère ; alors la société n'offrira plus, au lieu d'un bon ordre public, qu'un brigandage affreux.

Délibéré à Rouen, ce 16 brumaire an 10 ; DUHAMEL, HÉRON-D'AGIRONE.

Le Conseil soussigné , qui a lu un Mémoire imprimé pour les Commissaires des Créanciers , réunis aux héritiers bénéficiaires de *Jean-Guillaume le Métais*, et les jugemens des 19 et 29 prairial an 4 , rapportés dans ledit jugement :

Estime que ces jugemens ne sont pas bien rendus ; qu'ils prêteraient infiniment à l'abus que des gens avides ne manqueraient point d'en faire pour se procurer l'intérêt le plus exhorbitant de leur argent , à la ruine de leur débiteurs , à celle du commerce , à celle de toutes les branches d'industrie , et aussi à faire baisser , de plus en plus la valeur des fonds territoriaux.

Dans l'espèce , l'intérêt exigé à 12 *pour cent*, entre deux personnes non commerçantes , et pour un fait qui n'est point un fait de négoce , *est avoué* par le créancier , porteur des obligations , dans l'interrogatoire qu'il a prêté ; à quoi il faut ajouter que lui-même s'est mis en contradiction avec sa propre conduite précédente , n'ayant , dans le principe , calculé l'intérêt de son vrai capital que sur le *taux légal* de 5 pour cent.

Nous l'appelons *taux légal*, parce que les lois qui l'ont ainsi fixé subsistent toujours , et sont seules exécutées à l'égard des sommes auxquelles les tribunaux attribuent intérêt pour indemniser le créancier du retard de la rentrée de ses fonds , et à l'égard des autres sommes qui doivent en produire de leur nature.

Depuis l'édit du mois de juin 1725, enregistré à Rouen le 20 juillet suivant, l'intérêt des rentes constituées à prix d'argent , et celui des sommes de nature à en produire , ont été fixés au denier 20 , (excepté pendant la courte interruption que cet état de choses a éprouvé depuis l'édit du mois de juin 1766 , qui l'avait réduit à 4 pour cent , jusqu'à celui du mois de février 1770 , qui a remis les choses sur le premier pied).

Le même taux a duré pendant le cours de la révolution et dure encore , ainsi qu'on peut s'en convaincre par le décret du 3 octobre 1789, et les dispositions d'autres décrets ou lois postérieures , où le denier 5 pour cent *est énoncé* ou rappelé. Enfin, ce même taux est suivi habituellement par les tribunaux, dans le calcul des intérêts des sommes mobiliaires susceptibles d'en produire, soit de leur nature, soit *en morâ*, après demande formée.

Ce taux n'est point suivi dans le commerce, il est vrai, les places et même chaque place ayant, *des usages* que toutes les lois ont respecté, parce que ces usages ont eu et ont pour motifs de mettre l'intérêt des marchands dans une sorte d'équilibre avec les produits du commerce même, afin qu'ils puissent, sans perte pour eux, mettre plus de confiance les uns dans les autres, et plus de facilité dans leurs rapports.

On chercherait en vain à s'autoriser de l'exemple des deniers pupillaires, criés et adjugés tous les jours à un taux infiniment plus haut que celui de l'ordonnance.

Cet exemple ne peut pas être opposé, parce que les mineurs ont toujours été favorisés d'une manière particulière. On pouvait faire pour eux des constitutions de rentes, remboursables à époque, ce qui était très-défendu aux majeurs. Au surplus, ce qui se pratique à cet égard pourrait bien être un abus, excessivement accru par cette classe de gens avides qui, spéculant sur tout, ont par leur conduite, élevé si haut l'intérêt de l'argent, que ceux qui se trouvent dans le fâcheux état d'un grand besoin, aiment encore mieux traiter avec la justice, que de le faire avec les hommes de l'espèce dont nous parlons.

Toujours est-il qu'il y a en France, comme il y a dans les autres états dont elle est environnée, un taux d'intérêt à l'argent, fixé par les lois, parce que ce taux est lié très-essentiellement à l'administration générale. Ç'a toujours été par les hautes considérations du bien public que le gouvernement l'a élevé ou abaissé, en le proportionnant à la valeur des fonds territoriaux, à l'avantage du commerce, sans nuire au premier objet, et à l'abondance plus ou moins grandes des espèces circulant dans l'état.

Ce taux étant fixé par les lois indiquées ci-dessus, ces lois obligent à l'obéissance, quoiqu'il soit et plus fréquent et plus aisé d'y contrevenir qu'à tant d'autres dont l'infraction laisse ordinairement plus de traces que l'infraction commise à l'ordonnance qui règle l'intérêt de l'argent. Mais la contravention, quand elle est prouvée

par

par pièces ou avouée, doit déterminer les tribunaux à juger en conformité de la loi, et non pas en faveur de la contravention. Ils ont le droit de réduire le taux exorbitant à la loi, au taux légal.

Quoiqu'il n'y ait plus de poursuites criminelles, ni de punition exemplaire contre les usuriers, il y a toujours contravention à une loi lorsque l'intérêt est supérieur au taux qu'elle autorise, ce qui suffit pour faire réduire l'intérêt excessif.

En vain les gens de cette classe appelleraient *intérêt de convention* entre les parties contractantes, celui dont il s'agit. Ce sera toujours, dans la vérité, un intérêt en *contravention* aux lois précises sur la matière. La prétendue *convention* est, de plus, un objet qui n'existe pas. L'une des parties fait la loi à l'autre, et cette dernière, qui se voit entourée de précipices, se détermine pour celui qui lui paraît le moins profond. Sa liberté n'a pas plus d'étendue. Cette prétendue convention n'est donc réellement que la contravention d'un seul à la loi ; mais fût-elle commune aux deux parties, elle ne doit point prévaloir contre une loi subsistante, qui, en autorisant le prêt à 5 pour cent, défend expressément de le porter plus haut, comme on peut s'en convaincre par les édits de 1725, de 1766 et de 1770.

Les lois citées dans les jugemens dont est appel, n'ont nul rapport au point de question. 1°. Celle du 5 thermidor an 4, n'a eu pour objet que de rendre à chaque citoyen la liberté de contracter comme bon lui semblerait, voulant que les obligations *souscrites soient exécutées dans les termes et valeurs stipulés.*

Le papier usé, il fallait bien, ou tout laisser périr, ou permettre ouvertement de rentrer dans les moyens propres à rétablir l'ordre et la justice entre les citoyens.

2°. L'article V de la loi du 15 fructidor an 5 n'a eu d'autre motif que de sanctionner les conventions particulières des citoyens, faites de gré à gré, relativement à la valeur de leurs obligations, ayant pour origine du papier, encore que le moyen légal pour déterminer cette valeur, c'est-à-dire, les échelles propres à la calculer, n'eussent point encore été faites lors des conventions particulières.

Le particulier poursuivi en réduction, ne serait pas mieux fondé à citer la loi du 6 floréal an 3, qui a déclaré *marchandise le numéraire en or et argent*, s'il voulait s'en autoriser.

E.

En effet, l'extrême besoin des subsistances avait pu seul dicter cette loi et le rapport de celle du 11 avril 1793 , qui défendait ce commerce. La liberté extraordinaire permise le 6 floréal an 3 , ne dura pas plus que le sacrifice exigé par le besoin. Aussi par autre loi du 2 prairial suivant, celle du 6 floréal a été rapportée, *et l'exécution des lois qui prohibent le commerce des monnaies métalliques, a été maintenue.*

C'est, en effet, un objet de police générale, dans les états, de n'y pas souffrir le commerce de leur monnaie, dans la crainte qu'elle ne s'écoule dans les pays étrangers, par quelques manœuvres funestes. Au contraire, le commerce des monnaies étrangères, telles que les piastres, guinées, etc., est permis en France avec l'étranger.

En rentrant dans la cause, et en persistant à dire qu'il y a contravention à des lois formelles dans le prêt fait à 12 pour cent dans l'espèce de la cause, nous ferons encore remarquer que cette contravention est d'autant moins tolérable, que cet intérêt a été tiré sur un autre qu'on a capitalisé ; abus qui s'appelle *anatocisme*, c'est-à-dire, doublement d'intérêt.

Cela est proscrit par nos lois, même dans le commerce, comme il est prouvé par l'article II du titre VI de l'ordonnance de 1673, qui porte : « Les négocians, marchands, et *aucun autre* ne pourront prendre *l'intérêt d'intérêt*, *sous quelque prétexte que ce soit* ».

Cette cause est trop intéressante pour ne point attirer l'attention des juges. Les hommes qui vendent si cher leur argent ont aussi l'œil attaché sur cette même cause. Sans autorité, jusqu'ici, pour justifier leur contravention à la loi, on ne doit pas douter qu'ils ne recueillent, qu'ils ne regardent comme un titre et un exemple pour eux, le jugement qui interviendrait, s'il leur était favorable ; *et quod caret exemplis, inter exempla erit.*

L'intérêt excessif dont il s'agit attaque la source des produits de l'état ; le commerce et l'industrie, auxquels il soustrait des fonds, qui donneraient d'heureux produits pour le bien général ; la valeur des fonds territoriaux dont le véritable prix baisse pour le vendeur, l'acquéreur étant forcé de faire de gros sacrifices lors des emprunts nécessaires à acquitter les engagemens qu'il a pris ; enfin, les droits du gouvernement qui sont grandement diminués par la baisse du prix des fonds à la vente.

Délibéré à Rouen , le 17 frimaire an 10 , LE TOUC.

CONSULTATION,

Délibérée à Paris,

En faveur des Héritiers bénéficiaires et des Créanciers du feu citoyen LE MÉTAIS, demandeur en cassation ;

LE CONSEIL soussigné, qui a lu deux Consultations en faveur des Créanciers LE MÉTAIS :

RÉPOND que le jugement d'appel du 18 nivôse an X., lequel condamne les Consultans, est évidemment mal rendu.

Il y a, en effet, dans ce jugement, une fausse application des deux lois sur lesquelles elle est basée, savoir de l'article I de la loi du 5 thermidor an 4, et de l'article V de la loi du 15 fructidor an 5, Ces lois n'ont aucun rapport au taux de l'intérêt qu'il est permis de stipuler. Les principes développés dans les deux Consultations précitées ne permettent pas d'en douter.

Ce même jugement renferme aussi une contravention manifeste à l'édit de 1770, qui a réglé le taux légal à cinq pour cent. Cette loi est encore en vigueur, quant à la fixation de l'intérêt qui peut être stipulé, puisqu'aucune loi ne l'a abolie sur ce point, et que tous les Tribunaux ne condamnent jamais à un intérêt plus fort.

Il est cependant vrai qu'une loi révolutionnaire , et peut-être commandée par les circonstances , déclara que l'argent était marchandise ; mais c'était une erreur qu'elle avait consacrée.

L'argent n'est que le *signe* de toutes les marchandises , ainsi que le remarqua bien judicieusement Montesquieu.

C'est donc confondre toutes les idées , tout dénaturer , que de mettre au lieu et place de la chose même ce qui ne peut que la représenter.

Quoi qu'il en soit , cette loi du 6 floréal an 3 fut rapportée par une autre du 2 prairial suivant ; elle ne dura donc qu'un moment , et c'est le sort de ces lois que le besoin ou le faux intérêt font éclore ; elles sont contraires aux vrais principes sociaux , mais elles ne sauraient les anéantir.

Cette loi étant rapportée , il faut donc consulter celle qu'elle avait contredit.

Nos principes anciens sur le prêt n'ont subit qu'une simple altération.

Autrefois on ne pouvait pas valablement stipuler les intérêts quand on n'aliénait par son capital ; il n'y avait que les fonds des mineurs qui fussent susceptibles de porter intérêt , quoique *non aliénés* ; mais aujourd'hui tout individu peut , sur un simple billet , stipuler des intérêts.

Voilà la seule dérogation que nos principes sur le prêt à intérêt aient éprouvée.

Du reste il est défendu aujourd'hui , comme autrefois , de les stipuler au-dessus de cinq pour cent : c'est le vœu de la loi.

Cependant on observe que le commerce étant dans l'usage d'élever l'intérêt de ses fonds à six pour cent , une stipulation entre particuliers d'un semblable intérêt trouverait grace devant les tribunaux ; mais la stipulation n'en serait pas moins contraire à la loi , et le tribunal de cassation ne laisserait pas subsister un jugement qui aurait consacré une pareille stipulation entre particuliers non négocians.

Mais , dans l'espèce , où il s'agit d'un intérêt exhorbitant de
douze pour cent , sans retenue des impositions , ce qui élève cet
intérêt à plus du triple de l'intérêt légal , qui était de cinq pour
cent , avec retenue de ces mêmes impositions , il est inconcevable
qu'il ait été approuvé dans le jugement contre lequel on se pourvoit ;
c'est autorier l'*usure* qu'on devait proscrire pour l'intérêt général ,
comme par respect pour les mœurs publiques, quand il n'y aurait pas
eu de loi positive qui l'eût prohibée.

On le conçoit d'autant moins que , sans doute , le tribunal qui
a rendu ce jugement en a dû rendre plus d'un autre portant condamnation contre des débiteurs qu'il a forcés de payer des intérêts
qui n'ont pu être portés qu'au taux légal de cinq pour cent. Et
quels ont dû être les motifs de ces décisions ? C'est que la loi n'en
auiorisait pas d'autre.

Il ne saurait être permis de s'élever au-dessus des dispositions
de la loi , et quelque latitude qu'elle laisse en général aux conventions , toujours est-il qu'elles doivent être conformes aux mœurs
publiques , à la bonne morale et aux lois particulières et positives.

On ne dira rien de la cumulation des intérêts pour en grossir
un capital et faire supporter l'intérêt à la totalité réunie. L'ordonnance de 1673 , le défend formellement. C'est donc une erreur
dans le jugement d'avoir consacré ce que le texte même de la loi
condamne.

Au Parlement de Toulouse on ne suivait point cette disposition ;
mais elle a été en vigueur dans les autres tribunaux ; et quoiqu'elle
n'ait été faite que pour le commerce , il est conforme à nos principes de l'appliquer aux stipulations faites entre particuliers non com-
merçans.

Il y avait , pour les juges qui ont rendu le jugement dont il s'a-
git , comme pour tous les tribunaux , un motif très-puissant pour
les déterminer à proscrire l'usure dont les consultans se plaignaient ;
c'est l'énorme abus qui se pratique depuis le retour du numéraire.
On a porté l'intérêt à un taux excessif. C'est au tribunaux qu'il ap-
partient de le réprimer , et c'est agir contre la société toute entière

que de le consacrer par des jugemens qui sont plus scandaleux que l'abus lui-même.

Ainsi il n'est pas permis de douter que celui dont se plaignent les *consultans* ne soit cassé, puisque le *fait de l'usure* est constant par le propre aveu du créancier prêteur de fonds.

Délibéré à Paris, le 7 brumaire, an XII. COURNOL, FEREY, POIRIER, POPELIN, BLACQUE, CARBONNIER, GUEROUF, DOMMANGET, DE SAINT-AMAND, BILLECOCQ, BOURRÉE-CORBERON, ARCHAMBAULT, CHOVEAU-DES-ORMEAUX, DUFRICHE-FOULAINES, J. M. DUFOUR, HOMBRON, PORCHER, DAUPLEY, GAJON, MARÉCHAL, BOYELDIEU.

JUGEMENT.

Sur les conclusions du Ministère public, entièrement conformes aux principes développés dans le plaidoyer et les consultations ci-dessus, le tribunal de cassation, par jugement du 8 frimaire an 12, a cassé et annullé celui rendu le 18 nivôse an x par les juges d'appel du département de la Seine inférieure séant à Rouen, et renvoyé les parties à se pourvoir devant le tribunal qui en doit connaître.

BIBLIOTHÈQUE NATIONALE — R. F. — DÉPARTEMENT DES IMPRIMÉS

www.ingramcontent.com/pod-product-compliance
Ingram Content Group UK Ltd.
Pitfield, Milton Keynes, MK11 3LW, UK
UKHW031816170726
13836UKWH00003B/1443